MOISANT DE BRIEUX.

MOISANT DE BRIEUX.

ÉTUDE BIBLIOGRAPHIQUE

Par M. G. MANCEL,

Conservateur de la Bibliothèque de la ville de Caen.

Caen,

IMPRIMERIE DE A. HARDEL,
Rue Froide, 2.

1844.

MOISANT DE BRIEUX.

ÉTUDE BIBLIOGRAPHIQUE.

Moisant de Brieux n'est guère connu aujourd'hui que des bibliophiles; ses livres ne sont recherchés que parce qu'ils sont *rares* ou *peu communs* et que *les exemplaires en sont très-difficiles à trouver* (1). C'est à peine si les parémiographes ou collecteurs de proverbes consentent à reconnaître, en le copiant, que son livre des *Origines de quelques coutumes anciennes et de plusieurs façons de parler triviales* est supérieur aux ouvrages de Fleury de Bellingen, et rempli de recherches curieuses et intéressantes (2). Il est demeuré, en un mot, dédaigné, perdu dans la foule de tant d'autres écrivains de talent, que la postérité, éblouie par l'éclat des grands génies du siècle de Louis XIV, n'a pu remarquer au-dessous de ceux-ci.

Un semblable oubli est une grande injustice. Moi-

(1) Brunet, Manuel du libraire, t. II, p. 590.—Ch. Nodier, Mélanges tirés d'une petite bibliothèque, p. 131, 139. — Leber collection, t. 12, p. 243.

(2) Mery, Hist. des proverbes, t. III, p. 332.—La Mesangère, Dictionn. des prov.

sant de Brieux eut, sinon la réputation, un peu exagérée par Bayle, du meilleur poëte latin de son temps, au moins la réputation d'un bon poëte latin, et fut conséquemment mieux apprécié de ses contemporains. Ses liaisons en font foi. Il entretint une correspondance active non-seulement avec les hommes distingués qui illustraient sa ville natale, les Huet, les Bochart, les Tanneguy Lefèvre, les Savary, les Halley, mais encore avec le poëte Chapelain, si puissant auprès des ministres Richelieu et Colbert, avec l'académicien Conrart, avec le laborieux Gilles Ménage, avec la savante famille des Vossius, avec le philologue Heinsius, mais encore avec le célèbre ambassadeur suédois Fabricius, et avec la reine Christine, dont le tact à découvrir les gens de mérite est un titre de gloire pour ceux qu'elle a remarqués. De Brieux a cependant auprès de nous des titres, plus modestes peut-être, mais qui doivent lui valoir toute notre reconnaissance. Ce fut lui qui tenta le premier de compléter l'histoire de notre de Bourgueville, en recherchant les origines obscures de la ville de Caen, et qui ouvrit la voie aux travaux de l'évêque d'Avranches et de l'abbé De la Rue, ingrats l'un et l'autre; le premier en le réfutant, souvent à tort, le second en dédaignant de le nommer, même lorsqu'il lui emprunte. Ce fut lui qui fonda l'Académie de Caen, cette sœur cadette de l'Académie française, comme l'appelaient les grands écrivains du siècle de Louis XIV, sœur cadette qui, marchant sur les traces de son aînée, a continué de renfermer dans son sein un si grand nombre d'hommes d'élite.

Jacques Moisant, sieur de Brieux, naquit à Caen en 1614. Un biographe, M. Weiss (1), dit que ses parents étaient nobles. Suivant un manuscrit de la bibliothèque de Caen sur la noblesse normande, son père, d'abord drapier à Rouen, aurait transféré son commerce à Caen, peu avant la naissance de Jacques Moisant, et ce serait celui-ci qui plus tard se serait fait anoblir. Il est toujours certain que lors de l'enquête de Daligre et Chamillard, en 1666, notre poëte fut *révoqué* et qu'il ne fut, pour nous servir de l'expression reçue, *remis* que par le crédit de puissants protecteurs qu'il avait su se ménager dans sa jeunesse. Plusieurs pièces de vers qu'il adressa à MM. Daligre et Chamillard, dans ses recueils de 1669 et 1671, furent apparemment le résultat de la complaisance de ces enquesteurs.

Quoi qu'il en soit, on sait que la famille de Moisant était attachée à la réforme, et qu'elle possédait une fortune suffisante pour qu'il lui fût possible d'envoyer Jacques Moisant faire ses premières études au collége de Sédan, où s'instruisaient les jeunes calvinistes. Le marquis de Salles, depuis duc de Montausier, y contracta bientôt avec lui une amitié qui dura toute leur vie. Cette intimité fut, sans doute, profitable à Moisant; mais s'il s'en trouva honoré, s'il écrivait, avec une vanité naïve : *Montauserium qui (gloriari enim me sinit) me amat ut nemo magis* (2),

(1) Biographie universelle.

(2) Mosanti Epist., p. 49. — Le duc de Mautausier lui adressa un jour cette singulière déclaration : « Je t'aime, de Brieux, et

toute sa vie prouve qu'il s'honorait moins de ses rapports avec le grand seigneur que de l'attachement de celui que tous désignaient comme éminemment vertueux, que Boileau appelait le plus honnête homme de la cour, et que Fléchier, s'appuyant cette fois sur le témoignage populaire, déclara *n'avoir jamais menti pour personne.*

Jacques Moisant se rendit, en quittant Sédan, à l'Académie de Leyde. Il s'y lia avec Isaac Vossius, son condisciple, et suivit pendant deux ans les leçons d'éloquence et d'histoire de Gérard Vossius, qui sut l'apprécier, l'admit dans sa familiarité, et lui donna des preuves multipliées de bienveillance (1); il passa ensuite en Angleterre, y demeura trois ans qu'il employa encore utilement à fréquenter la cour et les universités (2), et revint en Normandie se faire recevoir avocat au Parlement (3), titre qu'il échangea, peu après, contre celui de conseiller au Parlement de Metz.

Moisant ne tarda pas, dans ces nouvelles fonctions, à s'acquérir la réputation de magistrat habile et in-

« ne puis dire pourquói; tout ce que je puis dire, c'est que je « t'aime. »

Diligo te, Briosi, nec possum dicere, quare;
Hoc tantum possum dicere, diligo te.

Poemata, 1669, p. 78.

(1) Mos. Epist., p. 55.

(2) Mois. Orig., p. 4. — L'éducation que reçut Moisant semble avoir été celle des riches calvinistes normands au XVIIe. siécle. Bochart fit aussi ses études à Sédan, à Leyde et à Londres.

(3) Mois., Orig., p. 2.

tègre (1) ; il devint aussi l'ami de son collègue Fouquet, depuis surintendant des finances (2), et l'on doit croire qu'une brillante carrière se serait ouverte devant lui si sa santé eût répondu à son dévouement et à ses lumières, si surtout il ne se fut pas laissé entraîner par deux passions, généreuses l'une et l'autre, mais devant lesquelles disparurent pour lui toutes les considérations de fortune. Ces deux passions étaient l'amour du sol natal et l'amour des lettres.

Dans sa première jeunesse de Brieux avait eu pour précepteur Antoine Halley (3), poète latin, dont s'honore l'université de Caen et qui suivant Huet « fit son capital de la poésie latine, imita Virgile et Claudien, eut un beau tour de vers et fut exact sur la quantité. » Le professeur avait fait partager ses goûts à l'élève. Celui-ci s'essaya d'abord avec timidité, il composa quelques épigrammes, des idylles et enfin son poëme du *Gallus Gallinaceus* dont le retentissement prodigieux doit nous surprendre d'autant plus que nous ne comprenons plus guère aujourd'hui comment, jusqu'au milieu du XVIIIe. siècle, tant de bons esprits ont pu se livrer, avec une telle ardeur, à la

(1) Mos. Poemata, 1663, p. 46.

(2) Huet, Origines de Caen, p. 392. — Moisant était fier de ses liaisons. On lit à la fin de ses *Poemata*, 1663, la post-face suivante : « AD LECTOREM. Honorifica virorum illustrium de me « testimonia nunc proferre nolui, ne iudicium tuum occupare vi- « derer. Ea cultiori et auctiori futura aliquando poëmatum nos- « trorum editioni præfigentur, ut saltem agnoscam nomina quæ « contraxi, nec satis soluere possum ; utque sciat posteritas, nos, « si non magnis ingenij dotibus, certè magnis claruisse amicitijs. »

(3) Poëmata, 1663, p. 84. — Epist., p. 100.

culture vaine et stérile de la poésie latine, au moment même où des chefs-d'œuvre de toute espèce témoignaient de la force, de la pureté et de l'élégance de la langue française. Un plan assez bien entendu, une bonne conduite, de l'énergie parfois, quelques vers heureux firent tout le succès du poëme du Coq. Cependant la réputation de son auteur se trouva, d'un seul coup, portée à son apogée. De la Normandie, qui le réclamait comme un de ses enfants, de la Province, de Paris, de l'Etranger même, on lui fit parvenir des vers, on lui adressa des félicitations, et Vossius, qui avait présenté son œuvre à la reine de Suède, lui écrivit qu'elle l'avait louée et admirée : *Legit, ei mirifice placuit, nihil fere desideravit* (1). De tels éloges enflammèrent l'imagination de Moisant, sa fortune indépendante lui permettait de suivre ses penchants, comme d'ailleurs sa poitrine était delicate et que chaque année de nouvelles souffrances lui apprenaient qu'il avait besoin des plus grands ménagements, il prétexta de son état maladif pour vendre sa charge, donner sa démission et revenir à Caen, sa ville d'affection. Il était possédé à un haut degré, nous l'avons dit, de cet amour du pays, de ce patriotisme de clocher, comme l'ont nommé des détracteurs, qui cependant est susceptible de produire tant de dignes et bonnes choses. — Chaque jour une nouvelle preuve nous en est donnée parce que fait et fait faire notre respectable concitoyen, l'excellent et vénérable M. Lair. —

(1) Mos. Epist. p. 40. — Voir ses divers recueils, les poëmes de ménage, 1656, ceux de Halley, 1675, etc...

Dans tous ses ouvrages Moisant parle de Caen comme de la cité par excellence, il l'appelle son Athènes, *una in omnibus terris, Apollinis domus, fortium et doctorum fœcunda mater*, et lui consacre des vers à chaque instant.

La vie de notre écrivain rentré dans ses foyers fut aussi simple, aussi patriarcale, soit dans ses terres, soit à la ville, que celle d'aucun homme de lettres de son temps; à la campagne il se livrait à ses travaux chéris, il composait ou il lisait, parfois comme délassement il se livrait au plaisir de la chasse, cultivait son jardin ou faisait quelque excursion sur le rivage de la mer (1). A la ville il recherchait une société choisie qu'il s'était faite parmi ses anciens compagnons d'étude. Partout il s'occupait des soins à donner à sa famille. Il s'était marié à Rouen à une femme qu'il aimait et dont il était aimé (2). Ses lettres et ses vers peignent avec effusion sa sollicitude pour elle et pour les enfants qu'elle lui avait donnés, et c'est avec attendrissement qu'on trouve épars dans ses écrits, qu'on pourrait dans d'autres occasions accuser de sécheresse, les détails de ses soins paternels et de ses inquiétudes de ménage.

Ce fut à cette époque que pour aider à ses études et pour occuper les loisirs que lui laissait l'éducation de ses enfants, Moisant de Brieux conçut le

(1) Martragny où Moisant de Brieux avait une habitation est situé à 5 kil. d'Asnelles et d'Arromanches, villages très-rapprochés du rocher du Calvados.

(2) Halley, opuscula, p. 232. — Mademoiselle de La Tombe; elle était belge d'origine.

projet de fonder à Caen une académie. L'Académie Française commencée chez Conrart par de simples rapprochements d'amitié avait pris ses développements à l'hôtel de Rambouillet et venait d'être constituée, en 1635, sous le patronage du cardinal de Richelieu; celle de Caen, la seconde société du même genre qui allait s'établir en France (1), devait prendre ses inspirations aux mêmes lieux. Moisant, en effet, se rencontrait souvent avec Conrart et vivait dans l'intimité du duc de Montausier, gendre de Mme. de Rambouillet.

Voici les faits qui donnèrent lieu à l'organisation d'une compagnie qui depuis a acquis tant de force et d'importance : de Grentemesnil, Halley, de Prémont Graindorge et le médecin Viquemand se donnaient rendez-vous aux mêmes heures chez un libraire nommé Lebourgeois (2). Ils s'y rassemblaient pour lire la gazette et y discuter du mérite des livres nouveaux, mais ils étaient gênés par une clientelle et un public importun. De Brieux saisit cette occasion pour leur faire comprendre combien une maison particulière serait plus commode et plus favorable à la liberté de leurs entretiens, et leur offrit généreusement son hôtel situé sur la principale place et au centre de la ville. Aucun lieu n'était plus conve-

(1) L'académie des jeux floraux et quelques autres existaient depuis long-temps, mais elles étaient établies sur des bases différentes.

(2) Mss. de la bibliothèque de Caen. — La librairie de Lebourgeois était située à côté de l'hôtel de Moisant.

nable. C'était l'édifice qui sert aujourd'hui de bourse au commerce de Caen et dont les étrangers visitent encore la magnifique architecture. Les quatre amis acceptèrent avec empressement et dorénavant ne manquèrent pas à serendre tous les lundis à l'invitation de celui qui devint par cela même, tout le fait croire, leur premier dignitaire.

Les commencements de l'académie de Caen ne furent pas cependant sans difficultés. C'était en 1652, l'intendant de la généralité, le lieutenant-général, le gouverneur de la ville, approuvèrent et autorisèrent à la vérité les réunions, mais la plupart des hommes que les nouveaux associés voulaient s'adjoindre étaient absents. Les deux plus savants, Bochart et Huet s'étaient rendus à la cour de Stockolm où ils jouissaient de tous les honneurs dus à leur mérite, oubliant leur patrie et s'occupant fort peu des tentatives de leurs émules en science, M de Touroude était en Hollande, M. de La Motte à Rouen, M. de Graindorge à Narbonne. La critique aussi des personnes illettrées était acerbe et dédaigneuse, on assurait dans les salons que les académiciens déclamaient tour à tour ou ne parlaient que grec et latin, et que se faire admettre parmi eux s'était en quelque sorte retourner au collége, d'autres imaginaient qu'ils ne s'occupaient que de sornettes et de disputes sur la valeur des mots, ou bien encore qu'ils allaient prendre parti dans les querelles sur la grâce, querelles alors si palpitantes d'intérêt (1),

(1) Mos. Poëm. pars alt. 1669, p. 101 et suiv.

il se trouva même des individus qui voulurent persuader aux autorités supérieures qu'elles ne devaient pas souffrir l'établissement d'une société sans qu'elle eût préalablement obtenu les lettres-patentes du prince ou que du moins elles devaient faire transférer l'assemblée dans la maison d'un catholique (1). Moisant vint à bout de ces ridicules tracasseries. Bientôt détrompés les hommes de quelque valeur changèrent de sentiment et s'attachèrent à la société. « Il leur « en prît, dit notre auteur, comme à ces amans, qui « dégoutés de leurs maistresses par les rapports qu'on « leur en fait, se résolvent, enfin, de n'en croire « que leurs propres yeux, et leurs propres oreilles ; là « dessus les abordent avecque froideur, et ne les consi- « dérent que d'un œil curieux et défiant ; mais qui dé- « trompés bien-tost de ce qu'on leur en auait dit, « s'accusent de trop de crédulité, et demeurent les « jours entiers attachés auprès d'elles, par ces fortes « chaînes, dont la vertu et la beauté sçauent lier les « cœurs (2). » Bochart et Huet revinrent comblés d'honneur en 1654 et s'empressèrent de prendre les places qui leur étaient réservées dans la nouvelle compagnie, et les étrangers de distinction aussi bien que les gouverneurs de la Province demandèrent à être affiliés à l'Académie. Dès lors il n'y eut pas assez de louanges pour le fondateur, les vers en son honneur affluèrent, et son hôtel qu'on désignait sous le nom de *Maison du grand cheval*, à cause

(1) Mois. Recueil, 1671, p. 91.
(2) Mos. Poëm. pars alt., p. 103.

d'un très-beau bas-relief sculpté sur le portail et représentant le *fidèle et véritable* de l'Apocalypse monté sur un cheval, fut comparé à la demeure d'Apollon :

Mais voyant par dehors ce logis sans égal,
Chacun diversement parle de ce cheval,
Qui sous ses pas vainqueurs tant de monstres écrase.

Pour moi, de qui l'esprit est éclairé d'un Dieu,
Je dis que ce Cheval n'est autre que Pégase,
Puisqu'on voit Apollon résider en ce lieu.

Dit un sonnet de l'époque (1).

Enfin Moisant publia son premier recueil de poésies en 1656, et plus tard il eut le bonheur de recevoir chez lui en séance solennelle le duc de Montausier.

Mais les douces jouissances littéraires qu'il s'était procurées ne tardèrent pas à être troublées par de nombreux malheurs qui l'accablèrent presque coup sur coup. Son fils aîné, jeune homme de la plus grande espérance, fut tué vers 1660 à la première bataille à laquelle il prit part (2) ; sa femme bien-aimée suivit ce fils dans la tombe en 1666 (3) ; et, en 1667, Bochart, son ami qu'il vénérait à l'égal d'un père, vint mourir subitement chez lui, en pleine

(1) Trésor de littérature, Caen, Godes, 1741, p. 101.

(2) Huet, de rebus ad eum pertinent., p. 235. — Moisant reçut à l'occasion de la mort de son fils, des pièces de vers de presque tous les poëtes latins de son temps. Il a répondu à quelques-unes.

(3) Mos. Poëm. pars alt., p. 95.

académie, au milieu d'une discussion violente avec Huet, aussi son ami (4). Moisant de Brieux ne put supporter tant de malheurs successifs. Les douleurs morales se joignant aux douleurs physiques, l'état continuel de maladie dans lequel il avait vécu s'aggrava rapidement, et, à peine âgé de soixante ans, il succomba, dans le courant du mois de juin de l'année 1674, à une opération difficile qu'il s'était décidé à subir. Sa famille se composait alors d'une fille et de deux fils, dont l'un fut ministre de la religion réformée (1). Ce fut Antoine Halley, son vieux précepteur, qui se chargea d'annoncer sa mort au duc de Montausier, il s'en acquitta par une élégie latine, un des plus remarquables morceaux de ses *Opuscules* (2).

Le 26 juin 1674, Bayle écrivait de Rouen à Minutoli : « l'Académie de Caen a fort perdu en la mort de M. de Brieux, le plus grand poète latin qui fût « en France, et fort versé dans les belles-lettres. Il a « laissé un fils qui est ministre, lequel sera riche de « vingt à trente mille livres de rente. J'ai lu un traité « de ce M. de Brieux, où il recherche l'origine de « quantité de façons de parler proverbiales, comme « *Réduire à quia*, *Bâtir des châteaux en espagne*, etc., « il dit des choses fort jolies, mais quelquefois en dit « aussi qui ne le sont pas. C'est un marchand mêlé. » Ce jugement qui s'applique à la prose de de Brieux, peut aussi être appliqué à ses poëmes ; Moisant est effectivement un marchand mêlé. Dans ses œuvres

(1) Moréri. — Mss. du P. André, bibliothèque de Caen.
(2) P. 233.

à côté de pages d'un style pur et élevé, se trouvent des passages qui n'auraient jamais dû être imprimés, il faut lire souvent plusieurs morceaux de lui avant d'en trouver un qui n'offre pas quelque défectuosité. Sa poésie est assez généralement spirituelle, mais elle manque de vivacité et d'invention. C'est un écrivain qui possède à fond la langue latine, il en connaît toutes les ressources. Peut-être tient-il trop à le montrer; aussi trouvera-t-on fréquemment chez lui, comme au reste chez la plupart des latinistes modernes, quelques-unes de ces tournures et de ces expressions originales, singulières, frappantes, que la prétention seule d'étaler de la science, pouvait amener si souvent au bout de sa plume, c'est sans doute pour cette raison qu'il a mieux réussi dans les épigrammes que dans tout autre genre de poëme. Notre poëte savait encore assez de grec pour écrire en vers dans cette langue, ce qui, après tout, n'était pas rare de son temps. Quant à ses vers français, ils ont les mêmes défauts que ses vers latins, bien peu ont leurs qualités.

Moisant de Brieux a laissé un assez grand nombre d'ouvrages, nous en donnerons la liste par ordre de dates d'impression.

Hymni et gemitus seu paraphrasis psalmorum primi, octavi vigesimi primi, quinquagesimi, et centesimi sexti, sans nom de lieu ni date (Caen 1656), in-4°., une ode et deux sonnets français terminent le volume.

Poëmata latina. Cadomi, J. Cavelier, 1658, in-4°. L'auteur y a ajouté quelques lettres latines.

Jacobi Mosanti Briosii poëmata, Cadomi, J. Cave-

lier, 1663, in-12. Ce volume renferme toutes les poésies latines des deux recueils précédents, jointes à celles que Moisant avait composées depuis 1658.

Méditations morales et chrétiennes, première partie, Caen, J. Cavelier, 1667, in-12. Ces méditations dans lesquelles Moisant avait éludé toutes les questions de controverse, de manière à ce qu'elles pussent profiter aux catholiques, aussi bien qu'aux calvinistes, sont tellement rares que le savant bibliographe, M. Weiss, a cru qu'elles étaient inédites (1). La seconde partie seule n'a point paru, à l'exception de la préface qui se trouve dans les *divertissemens*, p. 84.

Mosanti Briosii poëmatum pars altera, Cadomi, J. Cavelier, 1669, in-18. Les cinquante dernières pages de ce volume sont consacrées à des lettres en français, sur l'Académie, les grands hommes et l'histoire de la ville de Caen; elles mériteraient une réimpression, ne fut-ce que pour servir de terme de comparaison aux *Origines de Caen*, par Huet, et aux *Essais historiques* de M. De La Rue.

Jacobi Mosanti Briosii epistolæ, Cadomi, J. Cavelier, 1669, in-12, à la page 56 des *Divertissemens*, Moisant annonce un second volume de lettres latines qui n'a point paru.

Recueil de pièces en prose et en vers, Caen, J. Cavelier, 1671, in-12.

Les origines de quelques coutumes anciennes, et de plusieurs façons de parler triviales, avec un vieux manuscrit en vers touchant l'origine des chevaliers Ban-

(1) Biographie univ. — Œuvres de Segrais, t. ij, p. 18.

nerets, Caen, J. Cavelier, 1672, in-12. C'est, nous l'avons déjà dit, l'ouvrage le plus important qu'ait publié Moisant ; il serait sous tous les rapports digne d'une nouvelle édition. *L'origine des chevaliers Bannerets* a été réimprimée à part, avec un glossaire, par M. G. Duplessis, Caen, 1824, in-4°., et dans le tome 12 de la *collection des meilleurs dissertations, notices et traités particuliers relatifs à l'histoire de France*, par Leber (1).

Les divertissemens de M. D. B., Caen, J. Cavelier, 1673, in-12. C'est un recueil de lettres françaises dont la troisième et la quatrième, qui se trouvent en tête du volume dans un carton non paginé, semblent être destinées à compléter le livre des *Origines*. Les autres sont consacrées, pour la plupart à des observations critiques fort judicieuses sur l'Enéide, les Géorgiques et les Eglogues de Virgile.

Moisant de Brieux avait encore l'intention de traduire une partie de l'Anthologie grecque et d'achever ses paraphrases des psaumes. La mort ne lui en donna pas le temps.

(1) M. Leber a rendu pleine justice à la science de Moisant dans une de ses notes, page 436, « de Brieux, dit-il, avait autant « d'instruction que de talent; et quoique la poésie semble avoir eu « pour lui plus d'attraits que tout autre genre de littérature, ses « *Lettres* et ses *Origines* prouvent une solidité d'esprit et une « étendue de connaissances qui pouvaient lui faire ambitionner et « mériter plus d'une sorte de succès. » M. Violet le Duc a été plus sévère. Dans sa *bibliothèque poétique*, p. 563, tout en rendant justice aux connaissances de Moisant, il déclare, nous le croyons à tort, *qu'il n'était pas poëte du tout.*

www.ingramcontent.com/pod-product-compliance
Ingram Content Group UK Ltd.
Pitfield, Milton Keynes, MK11 3LW, UK
UKHW020459220726
13923UKWH00006B/2655

9 782019 291839